질라래비 훨훨

건강신문사 힐링노래시집

•
•
•

질라래비 훨훨

천숙녀 시집

건강신문사
www.kksm.co.kr

시인의 말

질라래비 훨훨
질라래비 훨훨

겨드랑이에 날개를 달고
훨훨
먼~ 그대의 세계
저 하늘을 날아갑니다
탯줄 없이도 유영하며
그대가 잡아주는 손끝 하나만으로

질라래비 훨훨
질라래비 훨훨

2025년 겨울

천숙녀

차례

1부 편지

2부 어쩌란 말이냐

3부 꽃구경

4부 청룡 열차

5부 이별이 아니어도

1부

편지

편지

초록 잎 사이 차분차분 비 내리면
촉촉한 가슴 풀어 그대 적시렵니다

낙엽 뒹굴면
내 육신 타는 불소리 모아
그대 귓전에 띄우지요

찬바람 윙윙거리면
가슴 다숩게 뎁혀줄 온기가 되어
그리운 그대 곁에 지피렵니다

팔베개 베고 누워 하늘 바라보면
깜박이는 별 하나
그대 눈빛입니다

장마를 걷어내는
바람입니다
빛입니다

풍경

바람이 소리 없이 불고 있어
잎새 몰래 남몰래 흔들리는 한낮
햇살 살갗에 쨍강거리며 부서졌지
보였어
기어다니며 나르는
물 위 그림자처럼 흔들리고 있는 나를
재잘거리는 저 풀들 좀 봐
나란히 어깨 두른 산이
화폭에 들어앉네
잎새 몰래 남몰래 흔들며

비이거나 구름이거나 바람일지라도

떠나고 싶어
옷자락을 적시는 비이거나
갈대숲에 쌓이는 눈이거나

동남쪽에서 와 서북으로 날아가는
건들바람이거나
내 중년을 안고 떠날
구름일지라도

다시 꽃으로 피울 수 있는
넋이었으면 좋겠네
얼이었으면 좋겠네

그대 가슴에 묻힐

꽃 한 송이 피우리
이슬방울 스러지지 않을

그대에게 옮겨갈 내 영혼은
아직은 순수 무구한
꽃이라네

떨어지지 않으리
시들지도 않으리

가장 깊은 그대 뼛속
피우고 적실 꽃으로 살겠네

깊고 푸른 강

조용히 강이 하나 흐르고 있습니다
깊고 푸르게
푸르고도 깊게

햇빛도 머물다 가고
달빛도 쉬어 갑니다
잠시인 것 같아도 영원
영원인 것 같아도 순간으로

바람이랑 구름
더러는 고요마저
눈을 떴다 갑니다
눈을 감고 갑니다

나도 같이 왔습니다
나도 같이 갈 겁니다
깊고 푸른 강
푸르고도 깊은 강

꿈길에서

얽힌 매듭 풀어가듯, 길
지나다 보면
길목마다 목마름의 풀들, 달빛 아래서
더욱 낮게 포복하고
포복하는 대열에 끼어
오늘이란 사슬, 탈출하는 내 영혼

노을 지고 고요가 밀려오면
누군가 끝없이 그리워
낮은 목소리로 달빛을 부른다
달빛 흔들흔들 다가와
나를 껴안고
어디론가 한없이 달려가는 저 날개

날갯짓 멈춘
어딜까, 여기는

너에게 기대어 한여름을

불볕에 목젖을 달궈
숲을 흔들어 대는 직격탄(直擊彈)
애벌레로 태어나기까지
묵묵히 삭여온 달마중 해 마중
이제 한세상 만나
우화(羽化)를 펼치는 하늘과 땅 사이에
이레 동안의 삶을 토하고
사라질 환희
꿈꾸는 자만이 별을 볼 수 있는 진리를
날개에 싣고
나는
너에게 기대어 한여름을 태우고
한 목숨을 태우려 목젖을 담금질한다.

달빛 휘감아 피어나는 들풀 향기

우리 사는 지구촌 여기
살다가 떠나는 풀잎들
나무들, 짐승들, 새들
얼마나 즐거웠을까
슬픈 일인들 또 얼마나 겪었을까

하늘은 알리니
바다는 알리니
땅은 알리니

어느 날 서성이다 돌아오는 오솔길
만삭의 기쁨 출렁이는 둥근 달
초여름 싱그러운 바람결에 춤추며
달빛 휘감아 피어나는 들풀 향기

우리 같이 사는 동안
서로를 사랑하다가

먼 길 떠날 때까지
목숨값 다 할 수 있으려
움직이는 몸짓 하나에도
생명력을 불어넣는
달빛 휘감아 피어나는 들풀 향기.

별을 따는 거야

멀리 하늘을 나르는
도요새 날개에 내
그리움 실어 날아오라는
그림자의 함성

청명한 가을 하늘 밤
미리내에서도 가장 빛나는 별
별을 따러 가야지

칠 흙의 밤이어도 괜찮아
구름 뒤엔 항상 초롱초롱
빛나는 별 밭 그
이랑을 거닐며

이루지 못한
사랑 노래 한 구절
오직 한 구절

가슴에 담은 거야
태우는 거야

함께 가는 길

얼마를 흘러야 저 바다에
닿을 수 있을까요
아닙니다
우리는 벌써 닿아 하늘과 땅
그 어디에고 동행이지 않습니까
스스로 일어나 스스로 눕는 풀잎을 쓸며
짓누르는 물결
그 아래, 깊고 고요한
기쁨과 슬픔까지도 같이 호흡하며
낮과 밤이 갈리는 시각
우리는 서로 돌아서지만
불길로 다가오는 그대 눈빛
창가에 매달고
밤마다 밤마다
어둠을 태웁니다
함께 가는 길

풀잎이 되어

저무는 들녘 횃불 치켜들어
빛나는 언어로 신화神話를 엮고 싶다

검버섯 내 피부 속으로
촉촉이 젖어 드는 불꽃

수를 헤아릴 수 없는 돌부리의 공격에도
언제나 일어설 때의 영원을 꿈구는 화신化身

오늘은
너의 억센 열풍을 다스리지 못해
흔들리는 설레임

끝내 건장한 내일의 아침을 길어 올리기 위해
순례를 떠난다

여행

새벽을 열고
일상의 늪 떨치고 갈거야
빌딩의 아슬한 벽에 갇혀
뜨거운 내면의 불꽃 사르던 혼魂
접어두고

달래야지
어두운 삶의 질곡
아슬아슬 맨발로 살얼음판 걸어온 발자국

오늘은 물안개도 좋아
미지에서 새롭게 만나는
바람과 구름과 빛
오늘은 다
좋아

꽃 등불

낮으론
양지에 졸고 있는
가녀린 잎새야 너

내 너 얼마나 품었는지
너나 얼마나 안았는지
온통 으스러짐

밤으론 꽃 등불 켜고
화살로 박혀
혈관이 터지는 파열음이야

그대를 만나면

시인詩人이 되지요

소리, 들을 수 있는 귀 열리고

상想 가다듬어 빗을 줄 아는 현絃

디잉 딩~~~

튕겨보고

가막울음 멎은 밤하늘에

슬그머니 풀어놓는 미소입니다

2부

어쩌란 말이냐

어쩌란 말이냐

나의 모두야
바람이 이렇게 세게 부는걸
날 보고 어쩌란 말이냐

나의 모든 것
파고가 이렇게 높이 이는걸
어쩌라 말이냐 날 보고

한여름에도 함박눈
함박눈이 이렇게 펑펑 쏟아지는걸
날 보고 어쩌란 말이냐

오늘 밤의 긴 이야기
한 토막의 잘림인 것을
성城 하나 채우지 못할
공허인 것을 어쩌란 말이냐

당신의 당신이기에

당신은 누구시기에
이 가슴 한구석을 비집고 들어와
지상의 나날
믿음의 눈으로 바라보게 하십니까

당신은 누구시기에
손길과 동공의 주시와 포옹까지도
함께이게 하십니까

당신은 누구시기에
하얀 속살 드러내 보이며
함께 먼 곳을 향해 준비하게 하십니까

연緣

소중함을 소중하게 간직하는
우리들이 되기 위해
너는 생명의 깊은 곳에
용기와 재기의 힘을 주는 빛으로 안겨
고뇌와 갈증을 연소시키며
내 피와 살 뼈를 재창조하고 있어

얼마나 소중한 인연人緣이며
얼마나 귀중한 만남인가
얼마나 아름다운 그리움이며
얼마나 참된 사모思慕인가

넌 아무 곳으로도 날아갈 수 없고
무엇으로도 바꿀 수 없는
천지天地 속 내 그림자야

먼 그대

먼발치에 세워두고 바라만 보라는데

그리운 마음 태워 연기로나 닿을까

문밖에 앉혀 놓고 물이 되라 하는 그대

날 보곤 흐르라며 산이 되려 하는 걸까

빗장 건 문 안쪽에 바위로나 눈을 감고

돌아서라 돌아가라 낮은 목소리

그대 떠나 슬픈 날에 불이 되라 재가되라

나 태운 그대 혈루血淚 저녁놀로 타려는가

세월의 주름살 펴주는

지나간
삶의 바닥에서

맑은 샘물 퍼 올려
적셔주는 당신은
누구십니까

향기 없는 빛깔에다
물감풀어 흔들며
구겨진 세월의 주름살 펴주는

당신은 누구십니까

사랑해야 한다고

드러내 보일 수 있는
거울이라면
수면이라면
무엇이 되어야 한다
어떻게 살아야 한다는 껍질에 싸여
오늘까지 모든 것을 잃어버린
숱한 시간
그 때문에 뒤집어쓴 허울은 얼마였던가

보이지가 않았었지
찾을 수가 없었어
반동이 솟구친다 하여
가진 것 모두와
숨겨놓은 것 모두
소진할 수 있는 알몸을 만난다면

사랑할 수 있다고
사랑해야 한다고

시월이 오면

오월엔 아카시아 내음으로 오시더니

유월엔 아릿아릿 밤꽃으로 오시는군요

칠팔월엔 장대비로 오시렵니까

장마 뒤 쏟아지는 불볕더위로 오시렵니까

구월은 얼굴을 붉힌 채 떠나고

하늘이 말갛게 청명을 토하는 시월이 오면

고단한 시한을 쉬고 싶어

뚝뚝 떨어지는 낙엽으로 오시렵니까

가을 이별곡離別曲

서럽도록 파아란 하늘이
깊이를 더해가고 있습니다
서글픔이 너무 아름다운 호수입니다

그리움으로 다져진 돌멩이들
기다림으로 지친 까만 눈동자
그들은 언제부터
기다림을 그리움으로 시작했을까

보낸다는 것은 아픔
남는 것들도 아픔
떠나는 자도 남는 이도 모두가 아픈 것을

깊은 계절에

파란 하늘이
계절의 깊이를 담아
한 아름 그리움으로 피어나는 샘

시작을 위해 몰골을 다듬는 작은 풀잎들

고독과 고요를 묶어
순리에 순응하는 강을 하나 띄우고

허울 다 떨어낸 가지 담홍빛 감 하나
저 넓은 하늘 호수를 파문으로 번지며

마른 영혼을 마구 흔들고 있어

내 길로 가던 날

긴-사연을 줍는다
말간 햇살에 씻어 꽃송이 피우려
끝내 낙화로 흩어지는 아픔 있어도
파문을 준비하는 원심력
사람과 사람 사이에 이는 바람
바람을 키워 영글고 싶다
어느 한 곳에 작은 풀씨로 떨어져
다시 한번 연둣빛 싹 틔우고 싶은
정직한 걸음 밑둥 심어
꽃피우고 열매 맺을 사랑이여
생생한 언어로 만나고 싶은 내 꿈
한 줄의 혼魂이여
시詩여!

흑백사진

풀벌레 날아와 앉는 대청마루
왕골 돗자리에 뒹굴던 아이야
넓은 하늘을 안고 너와 같이 뒹굴던
바지랑대 보았니
때로는 촉촉한 이슬에 젖어
달빛 찾아 헤매는 월견초 꽃술을 보았니
말갛게 쓸어낸 빗자루 자국에 누워
별을 헤아리던 눈망울이며
박꽃이 피다 말고 가슴 여민 옷고름에
내 유년 팔랑개비 비에 젖은 모습 보았니 아이야
먼 옛날 빛바랜 앨범 속에서 웃고 있는 아이야

말의 맛

뱉어 버리는 말들 무섭다
몇십 년 살아오며
햇수만큼 쏟아 놓은 말
말의 근수 몇백 근 되겠지

무섭지 않은 말
꼭 필요한 좋은 말
얼마나 하고 살았을까?

하는 말과 듣는 말
높고 낮은 말 속에서
설익고 잘 익은 떫고도 맛깔스러운

말의 맛을 핥고 싶다
꿀맛처럼 달콤한 말

선線

해가 진 허공을 태워
몇 광년光年의 거리를 달려
내가 있는 여기까지 와 닿는 별빛
그와 같이 나
선線 하나 그으리
처음과 끝이 없는 선 하나
그리움조차 녹아 흐를 뜨거운 선 하나
그 선 마디마디 잘라 혈관으로 이어놓고
나의 수분과 피
그 혈관을 타게 하리
내 영혼 흥건히 젖게 하리

다시 한번

천천히 걸어가자
서두르지 말고

지나온 날들이
그리 좋았다 해도
다시는 갈 수 없는 일

냉혹한 현실이 너를
밀어내고 밀쳐내도
갓길 걷지 말고
복판길 걸어가자

먹구름에 가린 하늘 지나고 나면
환하게 펼쳐오는 눈 부신 빛 있어

거기 닿을 때까지.

3부

꽃구경

꽃구경

새봄인가 싶더니
세상이 온통 꽃밭입니다
절정의 향기로 가득한 시절
지천에 흐드러진 꽃구경 가고 싶습니다
진달래, 개나리, 벚꽃, 복사꽃
제비꽃도 만나고 싶습니다
꽃 향으로 살찐 탐스런 그리움
그대 앞가슴에 펼칩니다
지금
저
꽃 몸입니다

꽃씨

꽃씨는
향기로운 세상을 만들기 위해
멀리 더 멀리 날아가고 싶은 것이다
윙윙 울어대며
한사코 옷깃 속을 파고드는 것은
바람이 아니라
푸른 그늘을 움 틔우려는
꽃씨들의 울음이었다
바람 불어 좋은 날
나도 그대에게 날아가는 꽃씨가 되고 싶다

푸른 전설

무리를 지어 듬성듬성 기대고 있는
풀꽃을 보았습니다
작은 것들이기에 홀로 있기엔
나약하고 외롭고 무서웠겠지요
어우러져 부대끼는 모습이 그지없는 사랑입니다
제가 당신에게 온몸을 기대어
맑은 웃음 풀어놓아 푸른 전설 만들듯

준마

걷는 연습을 다시 하고 있습니다
지금까지는 당신을 찾기 위한
걸음마였지만
이제는 당신을 잔등에 태우고
인생길 달려야 할
준마가 되기로 작정하였습니다

달리다 힘들면 그때는
당신이 나의 준마가 되시겠지요

질라래비 훨훨

질라래비 훨훨
겨드랑이에 날개를 달고
훨훨
먼- 그대의 세계
저 하늘을 날아갑니다
탯줄 없이도 유영하며
그대가 잡아주는 손끝 하나만으로

질라래비 훨훨
질라래비 훨훨

담쟁이 넝쿨

꿋꿋하게 버티어 선 담벼락에
손가락 발가락 그도 모자라
가슴팍까지 찰싹 엎디어
기어오릅니다
그대에게 닿고 싶어
매달리고 싶어서
가을 오면
절절 끓어오르던 몸골
부끄러워
부끄러워
붉게 물들 거예요

들꽃

들꽃이고 싶습니다
비바람 천둥 몰아치는 들녘이지만
다소곳이 피어
그대 달려오면 안길 수 있게
오직
그대 위해 미소 짓는

오직
그대 위해 하늘거리는
우리 강산 고운
들꽃이고 싶습니다

바람

그대 맑은 바람으로 불어 옵니다

고름 풀어 헤치며 심신(心身)을 훑습니다

나를 밝히며 깨어나라고

한 알의 씨앗으로

싹을 틔워 보라고

싱싱한 날 빛 걷어 올리며

그리움 싣고

바람으로 왔습니다

길

사람의 만남은 등산길이지요

정성으로

성심껏 만나다 보면 길

생기겠지만

만남의 노력에 수고를

더하고 곱하지 않으면

이미 잡풀이 돋아나

걸어온 길마저 덮이겠지요

풀씨

그대 곁에 가까이 앉았지만
먼- 거리를 느끼게 하는 이유를
이제 서야 알 것 같습니다

시련을 단련하라는 이유
깊은 상처 또한 보듬으라는 이유
푸른 잎들, 꽃과 열매, 사라진 뒤
황량한 들녘에 질펀히 앉아
묵묵히 비를 기다리라는
해 넌의 풀씨가 되라는 이유인 것

이제 서야 알 것 같습니다

하얀 박

가을이 깊어지면 서늘해지는
마른 잎 냄새 옷자락에 스며 들겠네
환한 당신처럼 파고드는 햇살
꽃가루 일까
당신 혼, 빛깔인가
들녘은 온통 수런대는 낙엽들
어리론가 떠나고 있어

천지를 가득 메운 별빛들
욕심껏 받아 안고
지붕 위의 하얀 주렁박은
밤으로 익어가며
당신 향한 내 그리움도
익혀줄 테죠

우리는

밤길 걷는 너를 위해
반짝이는 별
그대 고독에 빛나는
한 소절 노래

우리는
그대 홀로 가는 길에
향기로운 꽃

그렇게 서로 그리워
간절함으로 흘러가는
강물이 되어

바다에서 만나고
깊고 푸른 영원이 되리

소국 피는 날에

손끝이 아릿하게 저려오는
냉 쾌한 바람이 참 좋습니다
꽃이 상처를 감추는 일이라면
낙엽은 상처를 드러내는 일입니다

하여
가을은 감출 수 없는 고독이 강물처럼 흐릅니다
드러냄의 시간을 견디고 나면
마침내 아무는 상처
아문 상처 딱지 속에는
아, 눈꽃이 숨어 있지요

그대와 나
세상을
한목에 눈멀게 할

그대, 그리움에 기대어

봄나무 같은
그대 등에 기대어
혈관을 타고 흐르는
붉디 붉은 그리움 소리
듣고 싶어

슬픔이 터져 절정의 노래가 되는
그리움 차올라 꿈길 환히 열리는
비밀한 사랑을 우거지게 하고 싶어

4부

청룡 열차

청룡 열차

끝없는 사랑
청룡 열차 달립니다
레일은 사후 전후 얘기가 필요하지 않다며
잠시의 쉼
여유로움 주지 않네요
달리고 또 달리며
정수리에서 발끝까지 막힌 곳을 뚫다가
곤두박질 칠 때도
비명 한번 지르지 않습니다
무섭지 않은
쾌속快速인걸요

당신에게선

하늘에서 타고난 천이지혜를 느낍니다
당신의 눈에는 불꽃이 살아 움직이는
영채인 정기가 일렁입니다

포용력의 온기로 가슴 덥혀주고
사랑의 화기로 주시할 수 있습니다
언제나 건강한 활기로 씩씩한 걸음인
당신 한 사람

나의 사랑
나의 실한 바람벽입니다

날마다 숨 쉴 때마다

님을 생각합니다
님을 만나게 한 인연은 생각합니다
떠올리게 하는 살가운 기억도 생각합니다
그리운 그대여! 하고
순정한 마음으로 불러봅니다
님아!
나의 님아!

일상으로 돌아와 그리움 풀며 살란다
숙제 하듯 밀린 일 해가며
아무 일 없는 듯
헤살하며 살란다
보고 싶다
많이

문패

살도 없고
뼈도 없고
형체도 없던 것이
몇천 년을 집도 없이 떠돌던 것이

당신과 나의 가슴에 날개를 묻고
사랑이란 문패를 내 걸었습니다

착하고 맑은
예쁜 사랑이지요

골목길

당신을 향해 가는 길은
막다른 골목길입니다
사방으로 포위된 골목 끝에서
포획할 그물이 쳐 지기를 기다리며
스스로 달아나지 않습니다
괜스레
밀물에 잠기는 모래알같이
젖어버린 운명을 포기하는 척
몇 번의 퍼덕임으로 저항의 몸짓 해 보일 뿐입니다
당신으로 향해가는 길은 막다른
골목길입니다

숨은 꽃

우리는
이름을 갖지 못한 숨은 꽃
얼굴을 감추고
향기를 감추고
낮게 낮게 흔들리며
커가야 할 숨은 꽃

세상의 모든 슬픔을 껴안고
상처와 아픔도
소리 내어 울어서는 아니 되는
숨은 꽃의 가슴앓이
서로 기댄 채
묵묵히 깜깜한 밤을 견디는

돌

당신을
사랑했습니다.
라는 말을 남기고
돌이 되고 싶습니다
남겨진 생 그 얘기만 가슴에 담고
입 한번 뻥긋 않는 돌이 되고 싶은 거죠

당신과 나
그리움 둘러메고 석기시대로 돌아가
천 년을 꿈쩍않는
바위였으면

포로

조그맣고 가느다란 틈새로 스며드는 사랑은
조그맣고 가느다란 생명을 잉태하는 사랑은
더는 가지 못할 절벽에 이르러야
격정으로 불타는 사랑이겠지요

시퍼런 무쇠 낫으로
쇠톱으로도 자를 수 없는
밧줄에 묶인 채
서로가 무릎 꿇린 포로 이길 원하는

사랑한다는 것은

대가가 없으며 서로에게
무엇을 주고 있는지조차
느끼지 못하는 것입니다

끝없는 관용입니다

사랑의 기쁨을 사소한 눈빛에서도
얻을 수 있는 희열이며
무의식중에 착함이며
완전한 자기 망각입니다

내 몸

하늘 밑에 서면 하늘이 되는

나의 그대입니다

바람 앞에 서면 바람이 되고 마는

나의 그대입니다

나

그대 품에 안기면

나의 그대는

곧 내 몸이 되고 맙니다

먼 거리

제가 당신 앞에 가까이 앉았지만
먼-거리를 느끼기도 하고
날마다 낯선 도시의 골목을 배회하는 까닭처럼
당신 곁에 머뭇거리며
날마다 곁으로 다가가 앉는 이유는

시린 손바닥에 불씨처럼
따스한 사랑 한 톨 움켜쥐려는
마음뿐입니다

노을 사모思慕에게

누군가를 위하여 내가 저토록 탈 수 있을까
나를 위하여 누군가가 저리 붉게 탈 수 있을까

밤을 지새워 해돋이 솟쳐
하루 종일 달려온 길
세월은 그냥 세월로
강은 그냥 강으로 흘러
저만 홀로 타는 노을

나 저렇게 탈 수 있을까?
그대 저리 붉게 탈 수 있을까?

지금 여기의 나

누구인가?
온몸으로 살고 있는가
정성을 다해 사랑했는가
목숨 불 꺼지도록 소리 내어 노래했는가
또는 울었는가
밤 깊도록 생각하고 그리워하고
다짐해야 할 것들

지금 여기의 나
사랑하는 그대가 있음을
여울 소리 내어 울며
함께 접어 올립니다

늦은 안부

이제 서야 나타난 그대의

늦은 안부이지만

늦은 안부마저도 감사합니다

아직은 많은 날들

그릴 수 있는

세상의 바다가

그대와 내게 남겨져 있으니까요

5부

이별이 아니어도

이별이 아니어도

이별이 아니어도 슬픔은
우리 곁에 있다
별을 보며 웃는 사람이 있는가 하면
그 별을 보며 우는 사람도 있다
계절을 바꾸는 바람결에
낙엽을 싣고 가는 물결에
외로움을 타는 그림자
햇살이 너무 따스해도
하늘이 너무 파래도
앓는 가슴
우리 곁에 있다

까치밥

벽에 걸린 '가을 소묘'를 읽어 내리다가
가을 지나 겨울 오면 감나무 가지 끝에
홀로 남아 겨울 하늘을 지키고 있는
까지 밥이 생각 났다.

그 까치밥이 행여 그대인 양
거룩해 뵈는 까닭은
그대 또한 나의 허허로운
겨울 하늘을 밝히고 있는
단 하나의 등불이기를 바라는 마음

까닭이었어

당신만이

들어올 수 있는 성城입니다
건강한 인연의 당신만이
내가 만나는 유일한 당신만이
싸리 울 빗장 열 수 있습니다

오십시오
빗장 열고 안마당으로 마실 오십시오
툇마루에 걸터앉아 바지랑대에 날아온
고추잠자리도 만나세요
말간 하늘이 내려와 앉습니다

우리, 마주해요

열병

당신이 아침이라면 나는 저녁
내가 아침이라면 당신은 타는 노을
아침부터 저녁까지 끓는 용광로
녹아 흐를 뼈마디 불꽃이 되리

당신이 노을이라면 나는 사무침
내가 노을이라면 당신은 불나방
멀리멀리 날을 건가
땅속으로 꺼질 건가

당신이 별로 뜨면 한 방울 나는 이슬
마른 가슴 적시다 스러지는 새벽
바람으로 떠나는 오늘도
먼-길

장단

당신을 사랑하는 동안
나의 신명은 바다보다 힘센 가락이 되었습니다
오십시오
당신의 이름이 무엇이든 외로운 영혼만
짊어지고 오십시오
당신이 오시면
오시어 후려치는 대로 징징거리는
당신의 착한 장단이
될 테니까요

서성거림

나의 서성거림이

언제나 당신 시선 안에 머물기를

나의 아름다움이

언제나 당신 시선 안에 머물기를

우리 살아 있는 모습

언제나 우리 시선 안에 머물기를

동반

춤을 출 때는 같이 나울거리고

땡볕에서는 같이 땀 흘리고

바람이 불 때에는 함께 시원한 것을

춤을 출 때는 같이 나울거리고

땡볕에서는 같이 땀 흘리고

바람이 불 때에는 함께 시원한 것을

노래

참

듣고 싶었던 노래였습니다

이렇게 한 잔의 차를 마시며

흥얼거리고 싶었던 음률의 흐름

고단한 내 노래에

목청껏 소리 높여 화음으로

받쳐주는 봄날 같은 그리움

황홀한 새싹

건강한 인연

누군가에게 힘이 되는 인연은 건강합니다
누군가에게 의미가 되는 인연은 아름답습니다
누군가에게 꿈을 갖게 하는 인연은
더욱 아름답습니다
누군가에게 성장이 되게 하는 인연은 행복합니다

당신은 내게 건강한 인연입니다
의미가 되는 아름다운 인연입니다
꿈을 갖게 하는 인연입니다
한치 혹은 두 치씩 성장이 되게 하는
행복한 인연입니다

갈증을 목 축이는 한 방울 이슬 같은 인연
생각하면 눈물이 납니다
쏟아집니다

환한 마음

그날
우리는
한 하늘이 열리는 환희를
만났습니다
꽃이 피는 희열을
강물처럼 유장한 행복을
당신이 아니면 안 되는 이 환한 마음
두고 두고 힘이 되고
향기 되고
기쁨이 되는 삶의 알파입니다
한 점 없이 개운한 마음
햇살 가득 눈부십니다
저 하늘도

바람 불어

좋은 날입니다
참으로 행복한 일입니다
볼 터치로 끝나는 바람에도 후드득
눈물입니다
여린 비만 긋고 지나가도 눈물입니다
자그마한 꽃송이를 만나도 눈물입니다
짧디 짧은 엽서 글 속에 숨어 있는 무진장의 언어들
그 비밀 한 언표 찾기에
하루하루가

아직도

나의 혼은 겸허하고 온유하여
비밀스러운 사랑이 남아 있고요
비밀스러운 그리움도 남아 있어요
당신을 향한 사랑 노래 한 구절
부를 수 있는걸요
당신의 깊은 마음 열어젖힐 열쇠
다듬고 있어요
고독한 핏줄을 두드리며 이렇듯 한 편의 시
빚고 있는 겁니다
두드리고 매만지며 노랫소리 목청껏
소리 높여 부르지요

바람일거야

바람일거야 나무
가지 흔들어
잎새 가득 피우는
바람일거야
구름일거야 그대는
불볕에 타는 숲
양산으로 가리우는
비 일거야 마른 땅
흥건히 적시는 빗줄기
목마름 씻어 강으로 흐를 거야
물방울 일거야
풀섶에 머무르는
스러지는 모든 것
스러짐이 아닌 이슬일거야

이게 뭘까?

이런 마음이 뭘까
느끼며
그리움에 젖습니다
어느덧 우리에게도
많은 추억이 있음을 알아차릴 때
거세게 밀려드는 충일함과 흥분이
기쁨으로 출렁입니다

당신이어서 좋은 세상
당신이어서 좋은 어제
오늘입니다

■ **라이너 노트**

질라래비 훨훨

오인택(시인 · 공학박사)

[천숙녀 시집 앨범자켓, OST QR 코드]

이 앨범은 사랑을 말하지만 사랑을 앞세우지 않고, 인연을 노래하지만 그 인연을 붙잡으려 들지 않으며, 관계가 남기고 간 시간과 태도의 결을 차분히 따라가듯 시작된다. 첫 곡 〈건강한 인연〉은 이 앨범의 출발점이자 기준으로, 누군가에게 힘이 되고 의미가 되며 한 치 혹은 두 치씩 서로를 성장시키는 관계가 가능하다는 믿음을 감정의 고조 없이 담담하게 확인시키고, 이후의 모든 노래들은 이 기준 위에서 각기 다른 얼굴의 인연을 펼쳐 보인다.

〈당신만이〉는 그 기준 위에 세워진 마음의 경계를 그린다. 아무나 들어올 수 없는 성城과 그 문을 열 수 있는 단 한 사람에 대한 인식은 사랑의 독점이 아니라 신뢰의 선택에 가깝고, 허락된 관계 안에서만 가능한 고요와 일상의 풍경이 조용한 언어로 이어진다. 〈동반〉은 그 문 안에서 시작되는 삶의 리듬을 노래한다. 특별한 사건 없이도 같이 걷고, 같이 땀 흘리고, 같이 바람을 맞는 시간이 곧 사랑의 형태가 될 수 있음을 반복되는 언어와 호흡으로 보여준다.

〈함께 가는 길〉에 이르면 관계는 더 긴 시간의 축으로 이동한다. 같은 방향을 바라보지 않아도 같은 시간을 건너갈 수 있다는 깨달음은 사랑을 목적지가 아닌 과정으로 바꾸고, 〈우리는〉에서는 그 과정 속에서 개인의 감정이 어느새 혼자가 아닌 이름으로 확장되어 서로의 고독을 비추는 별과 노래가 되며, 결국 바다에서 만나는 강물처럼 하나의 '우리'로 겹쳐진다.

앨범의 중반부에 놓인 〈환한 마음〉은 상처를 지나온 관계만이 가질 수 있는 회복의 온도를 담는다. 이 곡의

밝음은 가볍지 않고, 기쁨은 과장되지 않으며, 함께 견뎌온 시간 끝에서만 생겨나는 신뢰의 빛으로 조용히 번진다. 이어지는 〈사랑한다는 것은〉은 이 앨범에서 가장 낮은 목소리로 사랑을 정의한다. 사랑은 무엇을 더 주는 일이 아니라 대가 없이 관용해지는 상태이며, 무의식 중에 착해 지고 자신을 망각하게 되는 순간이라는 깨달음이 고백이 아닌 사유처럼 흐른다.

〈날마다 숨 쉴 때 마다〉는 그 깨달음이 일상이 되었을 때의 풍경이다. 사랑은 더 이상 특별한 사건이 아니라 숨쉬듯 반복되는 습관이 되고, 그리움조차도 삶을 방해하지 않는 온도로 가라앉는다. 〈늦은 안부〉는 이미 지나간 시간을 붙잡지 않으면서도 아직 남아 있는 날들을 고맙게 바라보는 태도를 통해 이 앨범이 끝을 향해 가는 방식을 정리하며, 늦어서 더 귀한 말이 관계의 성숙을 조용히 증명한다.

그리고 마지막 곡 〈질라래비 훨훨〉에서 음악은 비로소 다른 결을 선택한다. 앞선 아홉 곡이 말과 호흡으로 관계를 다져왔다면, 이 곡은 리듬으로 놓아준다. 이 앨범에서 유일하게 보사노바로 연주되는 이 마지막 곡은, 누군가의 손을 놓는 일이 곧 떠나는 것이 아니라 더 가볍게 날아오르기 위한 선택임을 몸으로 느끼게 하며, 붙잡지 않아도 이어지는 인연이 가능하다는 믿음을 가장 조용하고도 자유로운 방식으로 완성한다.

이 모든 노래를 다 듣고 난 뒤에도 당신의 하루는 크게 달라지지 않을 것이다. 다만 누군가와 나란히 앉아 있는 시간이 조금 더 편안해지고, 말없이 함께 있는 순간을 불안해하지 않게 되며, 인연을 붙잡지 않아도 관계가 깊어질 수 있다는 사실을 몸으로 이해하게 될 것이다. 이 앨범은 바로 그런 깨달음을 향해, 마지막 한 곡에서만 살짝 리듬을 풀어놓으며 훨훨 날아오르는, 조용하지만 분명한 인사이다.

왜 마지막 곡에서만 리듬이 바뀌는가를 설명하고자 한다. 이 앨범의 앞선 아홉 곡은 관계를 붙잡는 음악이 아니라 관계를 이해하려는 음악이다. 말로 다듬고, 호흡으로 견디며, 감정을 고조시키기보다 낮추는 방식으로 인연의 결을 따라왔다면, 마지막 곡 〈질라래비 훨훨〉에서는 그 모든 언어와 설명을 내려놓는다. 이 지점에서 리듬이 바뀌는 이유는 단순한 장르 변화가 아니라 태도의 전환에 가깝다.

보사노바는 서두르지 않는다. 목적지로 밀어붙이지도 않고, 감정을 과장하지도 않으며, 박자를 드러내기보다 숨긴 채 몸을 먼저 움직이게 한다. 그래서 이 리듬은 이별이나 결론을 말하는 데 적합하지 않다. 대신 놓아주는 순간, 붙잡지 않아도 괜찮아지는 상태를 가장 자연스럽게 전달한다.

앞선 곡들이 관계를 설명하는 언어였다면, 이 곡은 관계를 몸으로 이해하게 하는 음악이다. 누군가의 손을 놓는다는 것은 떠나는 일이 아니라 리듬을 믿는 일이며, 그 리듬 위에서는 다시 만날 가능성조차 약속하지 않아도 된다. 보사노바의 가벼운 걸음은 상실을 강조하지 않고, 해방을 연출하지 않으며, 다만 자연스럽게 흘러가게 만든다.

〈질라래비 훨훨〉에서 '훨훨'은 외침이 아니다. 그것은

박자 사이에 남겨진 여백이고, 기타 스트로크가 끝난 뒤에도 계속 이어지는 몸의 흔들림이며, 말하지 않아도 이미 도착한 이해의 상태다. 이 곡에서 리듬은 감정을 이끄는 것이 아니라 감정에서 벗어나게 한다.

그래서 이 앨범은 마지막에서만 리듬을 바꾼다. 설명을 끝내기 위해서가 아니라, 더 이상 설명하지 않아도 되기 때문이다. 앞의 아홉 곡이 인연을 다지는 과정이었다면, 마지막 한 곡은 그 인연을 신뢰하는 방법을 보여준다. 붙잡지 않아도 이어질 수 있다는 믿음, 놓아도 무너지지 않는 관계에 대한 확신, 그리고 그 확신이 만들어내는 가벼움.

이 앨범의 끝은 결말이 아니라 전환이다. 발라드와 포크가 말과 숨으로 걸어왔다면, 보사노바는 그 길에서 한 걸음 비켜서서 자연스럽게 날아오른다. 〈질라래비 훨훨〉이 유일하게 보사노바인 이유는, 이 앨범이 끝내 말하고 싶은 것이 사랑의 완성이 아니라 자유에 대한 신뢰이기 때문이다.

그리고 그 신뢰는, 언제나 리듬이 가장 먼저 안다.

Track List

1. **건강한 인연**
   작사: 천숙녀 · 작곡: 오인택 · 노래: 서연

2. **당신만이**
   작사: 천숙녀 · 작곡: 오인택 · 노래: 미정

3. **동반**
   작사: 천숙녀 · 작곡: 오인택 · 노래: 윤슬

4. **함께 가는 길**
   작사: 천숙녀 · 작곡: 오인택 · 노래: 도현

5. **우리는**
   작사: 천숙녀 · 작곡: 오인택 · 노래: 도현 & 서연

6. **환한 마음**
   작사: 천숙녀 · 작곡: 오인택 · 노래: 하늘

7. **사랑한다는 것은**
   작사: 천숙녀 · 작곡: 오인택 · 노래: 정우

8. **날마다 숨 쉴 때마다**
   작사: 천숙녀 · 작곡: 오인택 · 노래: 연수

9. **늦은 안부**
   작사: 천숙녀 · 작곡: 오인택 · 노래: 은결

10. **질라래비 훨훨 (Bossa Nova)**
    작사: 천숙녀 · 작곡: 오인택 · 노래: 서연

앨범 크레딧 (Credits)

구분	내용
앨범명	질라래비 훨훨
아티스트	서연 · 미정 · 윤슬 · 도현 · 하늘 · 정우 · 연수 · 은결
형태	프로젝트 앨범 (시 기반 보컬 앙상블 프로젝트)
수록곡 수	10 Tracks
가사(작사)	천숙녀 시집 『질라래비』 수록 시 원문 사용
작곡	오인택
보컬 퍼포먼스	서연 · 미정 · 윤슬 · 도현 · 하늘 · 정우 · 연수 · 은결
보컬 형태	AI 기반 사이버 보컬
음악 제작 방식	Generative AI 기반 음악 생성 (창작 보조)
주요 사운드	Female & Male Vocal Ensemble (중저음 중심) · Piano-Led Arrangement (핵심 악기) · Warm Strings (Violin · Viola · Cello) · Subtle Acoustic Guitar · Minimal Rhythm (Track 10: Bossa Nova Only) · Soft Ambient Pad · Breathing Space & Long Reverb · Instrumental Intro / Interlude / Outro

비고	본 앨범은 천숙녀 시인의 시집 『질라래비』에 수록된 시 작품을 원문 그대로 사용하여, 시의 언어를 훼손하지 않고 음악적 호흡으로 확장한 노래시집 음반이다. 하나의 사랑 서사를 여러 화자의 목소리로 분해한 구조를 통해, 인연의 시작과 동반, 회복과 성찰, 일상과 안부, 그리고 마지막의 놓아줌에 이르기까지 관계의 시간을 단계적으로 기록한다. 마지막 트랙 〈질라래비 훨훨〉 만을 보사노바로 배치함으로써, 붙잡음이 아닌 신뢰와 자유로 귀결되는 앨범의 미학을 완성하며, 본 프로젝트는 감상·기록·문학 아카이브 목적의 창작 음반으로 제작되었다.

건강신문사 힐링노래시집

질라래비 훨훨

초판 1쇄 | 2026년 1월 23일

저 자 | 천숙녀
발행인 | 윤승천
발행처 | (주)건강신문사

등록번호 | 제25100-2010-000016호

주 소 | 서울특별시 은평구 통일로 712-1
전 화 | 02)305-6077(대표)
팩 스 | 02)305-1436

인터넷건강신문 | www.kksm.co.kr
헬스데일리 | www.healthdaily.co.kr
한국의 첨단의술 | www.khtm.co.kr

ISBN 978-89-6267-172-8 (03800)